京师讲武堂文丛
太极拳健身指导丛书

24式太极拳

吕韶钧　编著

北京体育大学出版社

策划编辑：赵海宁
责任编辑：赵海宁
责任校对：潘海英
版式设计：杨　俊

图书在版编目（CIP）数据

24式太极拳 / 吕韶钧编著. -- 北京 : 北京体育大学出版社, 2018.9
（太极拳健身指导丛书）
ISBN 978-7-5644-3049-8

Ⅰ. ①2… Ⅱ. ①吕… Ⅲ. ①太极拳—基本知识 Ⅳ. ①G852.11

中国版本图书馆CIP数据核字(2018)第215937号

24式太极拳
24SHI TAIJIQUAN　　吕韶钧　编著

出版发行：北京体育大学出版社
地　　址：北京市海淀区农大南路1号院2号楼4层办公B-421
邮　　编：100084
网　　址：http：//cbs.bsu.edu.cn
发 行 部：010-62989320
邮 购 部：北京体育大学出版社读者服务部 010-62989432
印　　刷：北京昌联印刷有限公司
开　　本：710mm × 1000mm　1/16
成品尺寸：170mm × 228mm
印　　张：6.25
字　　数：115千字
版　　次：2018年9月第1版
印　　次：2018年10月第1次印刷
定　　价：46.00元

太极拳健身指导丛书
编委会

丛书前言

进入21世纪，随着信息技术和人工智能时代的到来，整个社会正经历着一场伟大的变革。我们的生活方式、思维方式，以及人际沟通方式都发生了巨大的变化。同时，社会的快速发展、变革也对如何维持身体的健康水平、状态提出了挑战。生活水平的提高、知识的丰富也让人们越来越重视自身的健康状况。那么，健康仅仅是不生病吗？其实，世界卫生组织对“健康”很早就有过界定，即：健康不仅是没有疾病，而且包括躯体健康、心理健康、社会适应良好和道德健康。正因如此，建立自然、和谐、健康的生活方式就成了我们今天所共同追求的生活理念。

党的十九大报告明确指出：“人民健康是民族昌盛和国家富强的重要标志”“没有全民健康，就没有全面小康”。这说明人民的健康是全面建成小康社会，以及实现中华民族伟大复兴中国梦至关重要的内容。因此，在全面实施“健康中国”战略的过程中，如何为人民群众提供全方位、全周期的健康服务，如何科学地指导全民健身运动的开展，就成为我们必须认真思考的现实问题。

太极拳运动是我国宝贵的文化遗产，有着悠久的历史。它是一项集哲理、医理、导引、武术于一身，并具有强身健体、竞技表演等多种功能的东方健身运动。其博大精深的理论和技术体系，充分显示了中华民族在传统健身文化领域中独特的创造力和卓越的成就。它与中国传统哲学、传统养生学、传统医学、传统美学以及传统伦理学等多学科有着千丝万缕的联系，是中华健身术百花园里的一朵奇葩。

目前，太极拳的多元价值功能已得到了全世界的普遍认同，它对于促进人类的健康和社会的和谐发挥了积极的作用。习练太极拳，不仅能够强身健体、陶冶情操、修身养性，还能够领悟中华武术博大精深的文化内涵。随着国际交流的加强，太极拳也成为增进中国与世界各国人民友谊的纽带，是东西方健身文化交融的重要桥梁。据不完全统计，包括中国在内，全球150多个国家和地区练习太极拳者已近1.5亿人，且他们中大多数人因练拳而受益。

为了更好地发挥太极拳在全民健身中的作用，全面推动全民健身运动的开展，我们策划出版了这套“京师讲武堂文丛——太极拳健身指导丛书”。出版这套丛书的主要目的就是让广大太极拳爱好者在掌握太极拳拳法的同时，能够更好地理解太极拳的拳理文化。每一个分册均包括两部分内容：第一部分为理论篇，主要介绍太极拳的基本理论、健康价值和科学的锻炼方法；第二部分为技术篇，对太极拳的核心拳理、动作过程、意气配合和健身要点等方面进行了重点介绍，解决了太极拳练习者在练拳过程中应该“练什么”“怎么练”这两个核心问题，避免太极拳练习成为形式化的“慢速体操”。另外，在太极拳套路的选择上，我们主要以国家推行的、当前较为普及的太极拳套路为主，如24式太极拳、48式太极拳、陈式太极拳竞赛套路、杨式太极拳竞赛套路、孙式太极拳竞赛套路、太极拳推手套路等。这些太极拳套路有着广泛的群众基础，普及率也较高。我们希望通过本系列丛书的出版，给广大太极拳爱好者的科学健身提供帮助。

目录

理论篇

技术篇

理论篇

一、太极拳的基本理论

（一）太极拳的拳理构成

练习太极拳首先要了解太极拳基本理论的构成，这对于提高太极拳的练习质量是大有益处的。太极拳的形成和发展与中国传统文化有着千丝万缕的联系，拥有深厚的文化底蕴。它是集中国传统的哲理、医理、拳理于一体，并具有强身健体、娱乐表演等多种功能的东方健身运动。在哲理上，太极拳强调的是阴阳的对立统一；在医理上，太极拳注重的是经络的通畅；在拳理上，太极拳追求的则是攻守的兼备。说到底，太极拳就是一个追求“平衡”的拳术。这种平衡绝不是物理层面上的平衡，而是一种整体的平衡观。（图1）

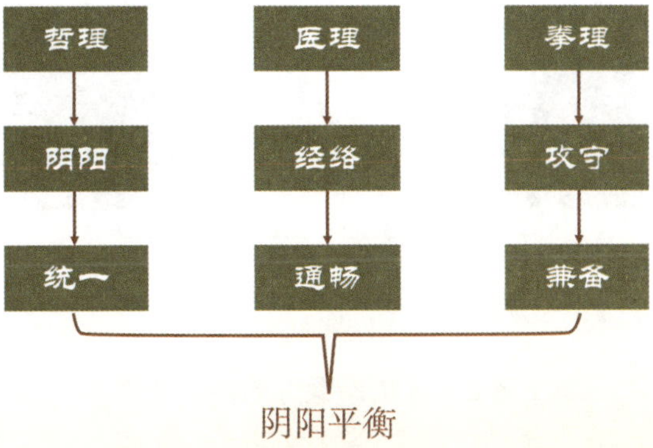

图 1　太极拳的拳理构成

（二）太极拳锻炼的基本法则

“松”和“静”是太极拳锻炼必须恪守的基本法则。“松”是针对外在的身体而言的，“静”则是针对内在的心理而言的，故才有太极拳“心静体松”的技法要求。所谓“松”是指身体内外处于一种不紧张的状态，是实现姿势正确、周身协调、动作舒展、转换圆活的基础和保证。因此，在太极拳练习过程中的“体松”不能理解为“松垮”“松散”“软弱无力”。“静”是指在练拳过程中，练习者排除杂念，思想集中，全神贯注，做到专心练拳，处于一种高度安静、轻松舒适的练拳状态，全神贯注地不断用意来引导每一个动作，从而正确、圆活、饱满地完成动作。由此可见，“心静体松”是太极拳锻炼最基本的法则。（图2）

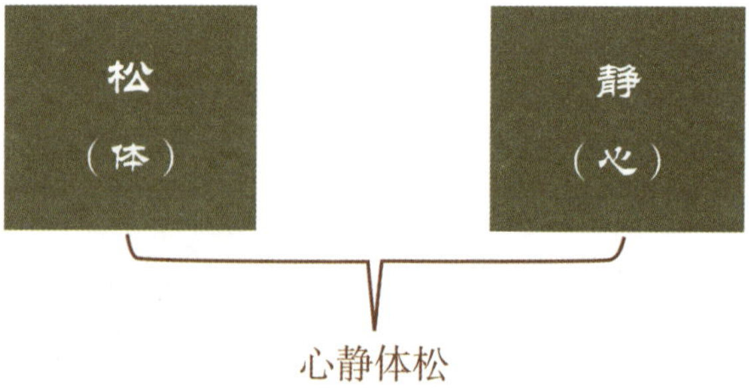

图 2　太极拳锻炼的基本法则

（三）太极拳锻炼的核心要素

太极拳锻炼的核心要素，即形、气、意三要素，也就是通常所说的在太极拳锻炼过程中要学会“练形”“运气”“用意”。首先，“形”是指在太极拳练习中所采取的符合拳理要求的、正确的太极拳动作姿势。因此，“形”的规格正确与否，直接影响着太极拳的锻炼质量和效果。其次，“气”是指太极拳的锻炼强调呼吸的配合，要求“气沉丹田”“贵慢柔而养气”等，慢柔形于外，养气蕴于内，达到强身治病的目的。最后，“意”是指太极拳的锻炼要求做到“以意导气、以气运身”“用意不用力”等，它强调练习者要全神贯注地用意识来引导每一个动作，完成太极拳的练习。（图3）

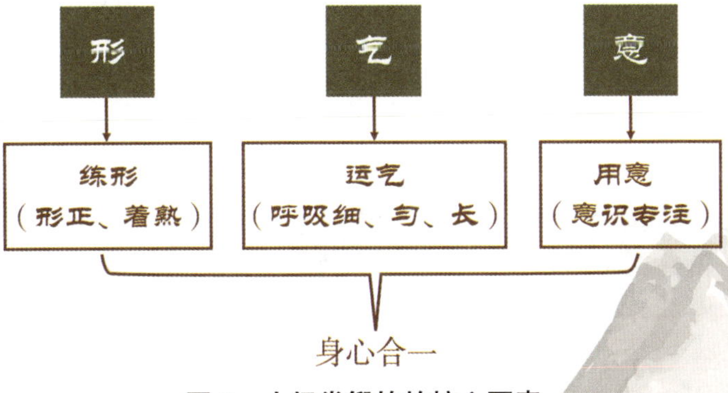

图 3　太极拳锻炼的核心要素

（四）太极拳锻炼的科学步骤

太极拳虽然是一种绵缓的武术健身运动，但是在太极拳的锻炼过程中也要强调科学性。锻炼前，练习者要做好充分的准备活动。可以通过基本的伸展练习和热身运动，使身体微微发热，然后再开始太极拳锻炼，这样会收到更好的健身效果。锻炼中，练习者要控制运动的量和强度，在安全的前提下，使心肺功能得到充分的锻炼。锻炼后，练习者要做好放松整理活动。通过放松调整呼吸，以及抖动、按摩、抻拉等各种物理手段做好整理运动（尤其是膝关节的放松整理），使身心逐渐地回归平静，而这一环节在现实中很容易被忽视。（图4）

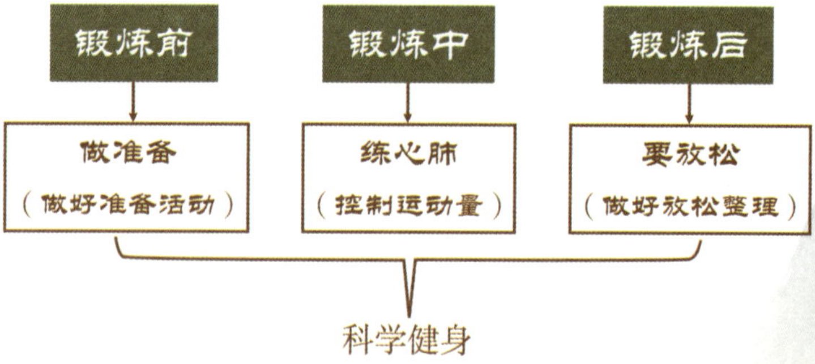

图 4　太极拳锻炼的科学步骤

（五）运动损伤的预防

太极拳锻炼对下肢的运动负荷较大，可以有效地提高下肢的力量，尤其对于防止老年人跌倒有着积极的影响。但是我们也应该注意，不科学的太极拳锻炼，也很容易造成下肢的运动性损伤。目前，参加太极拳锻炼的老年人或多或少地出现了膝关节疼痛的现象，造成这一现象的主要原因有错误的技术动作、盲目地追求低拳架、缺乏必要的放松练习等，尤其是在练拳过程中过度追求低拳架，给膝关节带来了巨大的压力。人体膝关节弯曲的程度与其承受的压力情况见下。（图5）

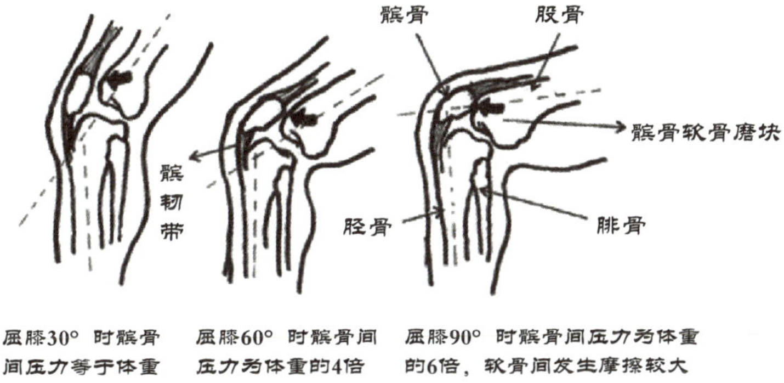

图 5　膝关节的受力状况[1]

练拳的架势越低，膝关节所承受的压力就越大，长期反复对膝关节刺激，很容易造成膝关节的劳损和运动性损伤，这不是我们所提倡的。那么，如何解决太极拳练习时膝关节疼痛的问题呢？一方面，练习者要注意拳架的高度和膝关节的紧张度，不要盲目地追求过低的

[1] 杨洸．一本书读懂膝关节病 [M]. 郑州：中原农民出版社，2016：26.

拳架（历代太极拳名家都没有说过拳架越低越好，拳架越低越好是一种认识误区，应予以警惕）；同时还要使膝关节在练拳的过程中始终保持一定的紧张度，起到保护固定膝关节的作用，避免受伤。另一方面，练习者也要注意在锻炼前后做好准备活动和放松整理活动，尤其是放松整理活动。这对于消除下肢的运动疲劳很有好处，可以避免因长期的太极拳锻炼而造成的膝关节劳损。

总之，“自然”“和谐”“健康”是太极拳所崇尚的健身理念。我们坚信，随着太极拳运动的普及发展，广大太极拳爱好者会理解太极拳丰富的文化内涵。即：

太极拳是一种方法——攻守兼备，
太极拳是一种运动——形意合修，
太极拳是一种思想——阴阳统一，
太极拳是一种文化——和谐平衡，
太极拳是一种精神——和合与共。

二、太极拳的健康价值

太极拳是完善自身、追求自然最为理想的一种健身手段。它的动作舒展绵缓，要求练习者心静体松，把身体运动与呼吸及意念的调整有机地结合起来，从而对人体的生理、心理机能的保持，某些慢性疾病防治，以及防衰抗老都有显著的效果。因此，太极拳运动不仅仅是一项肢体的运动，更重要的，它是一种身心平衡、协调发展的健身文化。下面，我们围绕近年来关于太极拳的科学研究成果，向大家介绍一下太极拳的健康价值。

（一）太极拳对人体骨骼肌肉的影响

骨骼是人体的骨性架构体系，骨骼的健康主要是指骨组织组成与结构的完整，以及其自身生理功能的良好适应状态。太极拳运动要求“虚灵顶劲”“节节贯穿”“以心行气，务令沉着，乃能收敛入骨”。“骨骼—肌肉”的协调做功，可以有效地增加骨骼强度。长期规律性的太极拳锻炼，通过不断地做螺旋式弧形动作，能使骨骼、关节周围的肌肉和韧带得到全面的锻炼；尤其是太极拳运动要求以腰为轴，腰椎能够受到多方位、足够的运动负荷，促使太极拳练习者的腰椎骨骼强度明显高于一般人，骨折风险性明显低于一般人。另外，太极拳运动可以使骨骼肌对骨骼附着点的机械和应力刺激增强，使骨骼对这种应力产生特异性适应，进而提高了骨密度，改善了骨健康水平。

（二）太极拳对神经系统的影响

太极拳运动要求体松心静、身心合一，而且在练习过程中还要求“以意导动、以意运气、以气运身”“用意不用力”等，使练习者精神贯注、不存杂念。这种意识与身体锻炼相结合的方法，可以使神经系统受自我意念控制的能力得到提高。练习者随着练拳熟练程度的不断提高，肌肉收缩和舒张的交替、转换能力也随之增强，神经系统活动过程的均衡性和灵活性也得到加强。中国科学院将45～60岁的30人（男14人、女16人）分为两组：练拳组（练拳在5年以上）与初学者组（练拳3个月），随后对这两组进行太极拳练习前后的脑电波测试，得出结论：长期坚持太极拳锻炼的人，在练拳后可以使大脑进入以α波为主导的同步化有序状态，使波功率增加几倍，即大脑活动进入一种高度宁静的觉醒状态。这种人脑的生理状态和受试者的自我感觉是一致的。

（三）太极拳对血液循环系统的影响

太极拳是一种松静自然的整体运动，是一种内外结合的平衡运动。尤其是太极拳螺旋式的缠丝运动，其动作呈弧线，连贯而圆活，极其符合中医经络学说原理。太极拳要求“虚灵顶劲”“虚胸实腹”，以及以腰脊为轴心，以微微转动来带动四肢进行螺旋缠丝运动，这样可以有效地促进血液循环，对心脏、血管等都有良好的影响和作用。另外，太极拳锻炼时要求“实腹”和丹田的鼓荡，以及下肢交替支撑重心进行“虚实分明”的运动，这可使得下肢肌肉周期性收缩与舒张，加强了下腔静脉的血液回心循环，促进了内环境的物质交换，保证了内环境的理化因素恒定。此外，太极拳的动作缓慢，便于控制总的运动量，不会对心脏造成损害性负担，这样练拳积累的时间越长，对心脏机能状况就能起到越明显的改善作用。

（四）太极拳对呼吸系统的影响

太极拳运动有其独特的呼吸方法，强调有意识地配合动作及全身状态调整呼吸形式、呼吸深度及呼吸频率，要求呼吸“细、匀、长、深、缓”。练习者练拳时，在大脑呼吸中枢的调控下，肌肉活动与呼吸周期性进行“开吸合呼”“起吸落呼”“收力时吸气，发力时呼气”等的配合，尤其注重深慢的腹式呼吸，使胸廓可随膈肌升降出现明显扩大与回缩；随着胸内压发生大幅度的变化，牵拉肺组织，增加了肺泡扩张与回缩的力度，使肺内压亦随之发生较大幅度的变化，导致肺泡通气量增加。一般情况下，太极拳练习通常采用腹式呼吸与胸式呼吸相结合、自然呼吸与拳式呼吸相结合的方式。因此，经常练习太极拳可降低通气阻力，提高肺泡通气量，改善肺通气功能。

（五）太极拳对消化系统的影响

太极拳对人体的消化吸收功能有良好的影响。太极拳练习非常强调“虚胸实腹”“气宜鼓荡”。这些技法要求能够加强胃肠道蠕动，促进消化液的分泌，增强胃肠的消化和吸收功能，同时也可以使腹腔的血液供应充足，使腹腔静脉血液迅速回流心脏。由于腹腔血液循环畅通，平滑肌得到充足的营养和氧气，因此很容易促使消化器官功能得到增强。另外，太极拳运动要求腹式呼吸，使横膈上下起落运动，从而对胃、肝、肠、胰等起到了良好的按摩作用，促进了肝内血液循环，使消化腺大量分泌消化液；同时这样可使食物得到比较完全的消化，最后分解为人体可以吸收的营养物质如葡萄糖、氨基酸等，从而改善了体内物质代谢。因此，长期坚持太极拳锻炼，可以增进食欲，减少便秘，使血液中胆固醇含量下降。

（六）太极拳对内分泌系统的影响

内分泌系统是使机体在复杂环境中保持内环境稳定的重要系统，人体之所以产生各种疾病，往往与人的免疫力下降、内分泌系统失调有关。太极拳运动能够有效地提高副交感神经的兴奋性，促进内分泌活动，增强人的免疫力，推迟衰老。许胜文等对51名老年太极拳练习者进行下丘脑—垂体—性腺轴神经内分泌功能的研究，并与17名老年人组成的对照组进行比较研究。观察发现，安静状态下练拳老人血清卵泡刺激素（FSH）浓度为（16.54 ± 15.16）mIU/ml，显著高于对照组老人（11.05 ± 6.08）mIU/ml。黄体生成素（LH）也有练拳组高于对照组的趋势。FSH和LH为垂体激素，与性激素的分泌活动息息相关。FSH、LH升高，可促进性腺分泌激素，如雌激素、孕激素，这对抗衰老有十分重要的意义。

（七）太极拳对能量消耗的影响

太极拳的能量消耗相当于40%～50%最大摄氧量。美国运动医学学会认为，对健康的成年人来讲，要使心血管系统得到锻炼，达到增强体质的目的，进行练习的强度最低应为本人最大摄氧量的50%，心率应达到每分钟130～135次。按这个标准来衡量，进行太极拳锻炼时，其强度是合适的。太极拳运动既能达到锻炼身体的目的，又符合练习者锻炼的身体要求。

（八）太极拳与经络系统

经络学说是我国医学理论体系的重要组成部分。有效刺激经络具有运行气血、濡养周身、抗御外邪、保卫机体的作用。因此，武术界和养生界都十分重视这一理论，拳谚曰：“凡经络皆有益于拳。”太极拳中“丹田鼓荡”“意气配合”“螺旋缠丝”“劲贯四梢”等整体运动，使丹田之气受鼓荡，而推动奇经中的任、督、冲、带四脉，进而调节人体十二正经的气血，使人体内部增蓄精气、疏通经络、扶正祛邪，最终达到“阴平阳秘，精神乃治”“祛病健身，抗老益寿”的功效。

三、太极拳的锻炼方法

（一）合理安排锻炼步骤

在太极拳锻炼中，我们时常会遇到这样的问题：由于不了解一些运动的基本常识，练习者的身体和心理都还没有进入一种很好的状态，就开始进行套路练习，这样锻炼不仅得不到很好的健身效果，反而会适得其反。当然也有一些太极拳爱好者常常问：太极拳运动很缓慢，还用做准备活动吗？如何做准备活动？练习后要做放松整理活动吗？这些问题带有一定的普遍性，如果解决不好，会直接影响太极拳的锻炼效果。为了能使大家更好地掌握科学的太极拳锻炼方法，提高太极拳锻炼的质量，我们有必要向大家简单介绍一下有关太极拳锻炼过程中应注意的几个关键环节。

我们知道，任何一项安全有效的锻炼都必须包括三个部分，即准备活动、身体锻炼和放松整理，这是由人体的生理机能所决定的，太极拳运动也不例外。通常，太极拳练习过程也划分为三个阶段，即准备阶段、练习阶段和放松阶段。下面我们将分别向大家介绍每一个阶段应该注意的核心问题。

1. 准备阶段——运动前做伸展

虽然太极拳运动是一项舒缓的运动，运动的强度不大，但是在运动开始时，也要像从事其他体育运动一样做热身，也就是通常所说的准备活动。然而，许多太极拳练习者对此缺乏认识，忽视了这一必不可少的部分，其结果往往是练习一套太极拳后，下肢肌肉出现不同程度的紧张和酸痛。长期如此，甚至会造成关节劳损、肌肉拉伤等运动性损伤，这都是没有掌握科学的锻炼步骤所造成的。一般来说，准备活动的主要目的有两个：一是活动各关节与肌肉，提高其温度，增加弹性，以适应将要进行的运动；二是逐渐提高心率，让心血管系统做好充分的准备，以便安全地进行太极拳锻炼。准备活动的时间一般为5～10分钟。准备活动的内容通常是采用一些全身性的柔韧练习。

2. 练习阶段——运动中练心肺

进行适度的有氧运动可以增强体质，提高人体健康水平。人们都知道，人体的各器官系统，只有在一定的运动强度刺激下，功能才能得到改善。如果运动负荷过小，则不足以引起人体机能积极的适应性改造；而运动负荷过大，则会导致机体产生劣变性反应，且对中老年人心血管系统造成不良的影响，不但收不到好的锻炼效果，反而会起到相反的作用。适度运动的基本要求是有兴趣、安全和有效。集导引、吐纳、武术于一体的太极拳运动，其动作柔和、徐缓，运动时间相对较长，而运动强度相对较低，是一种较为理想的中老年人健身运动。在过去的几十年中，大量的研究表明，太极拳运动始终在氧气充分的条件下进行，因此，对提高有氧工作能力十分有利。从医学的角度来讲："有氧代谢运动的核心概念是平衡。平衡是健康之本。这包括机体动与静的平衡、心理上紧张与松弛的平衡，以及新陈代谢的平衡。"[1]因此，可以认为，太极拳运动属中等强度的有氧运动，对练习者的机体有着良好的促进作用。

3. 放松阶段——运动后要放松

经过太极拳锻炼，练习者的身体会产生一些反应，如身体发热、血流量增加、生理机能处于良好的状态，甚至会出现微微的疲劳感，其实这些反应都是正常的。但是，如果练习者完成练习后，马上转入其他事情，则会对身体产生不利的影响。因此，在太极拳练习后，一定要有放松整理活动，这是太极拳锻炼过程中必不可少的一部分，其中对膝关节的放松整理活动尤为重要。通常，在太极拳锻炼结束之后，练习者可以通过散步、甩手、踢腿，有意识地放松身体按摩下肢膝关节，促使身体各部位生理活动渐趋缓和，以便使身心逐渐恢复到正常状态。如果是集体练习，可以一边放松，一边与拳友沟通思想，交流练拳体会，这对于提高太极拳的练习质量会有很好的效果。

[1] 胡大一. 有氧代谢运动[M]. 北京：气象出版社，1995：4.

（二）科学安排运动强度

虽然太极拳运动属于中等强度的有氧运动，但是由于人们在练习过程中采取不同流派的拳式和不同高低的拳架，因此其运动的强度也是不同的；而这也恰恰给练习者提供了更多的锻炼选择，使其有所侧重地来控制运动强度。那么，练习者如何控制好自己的心率，掌握好运动强度呢？这里向大家介绍一种控制心率的有效方法。

第一步，要学会自己把脉，并记住安静时的脉搏数。例如，可以在颈部、腕部或是直接在胸部摸到自己的心跳，然后数15秒，再乘以4，这样就可以知道自己安静时的心率。

第二步，按年龄计算出最高心率。计算公式是：

最高心率＝220－年龄

（以50岁的练习者为例，其最高心率为220－50＝170 次/分）

第三步，确定运动时的有效心率范围。对于普通太极拳练习者来讲，最高心率的60%~85%是有效的心率范围。仍以50 岁的练习者为例，心率的60%~85%为102~145 次/分。这就是说，在太极拳练习中，如果心率低丁102 次/分，则锻炼的效果就没达到，而如果心率高于145 次/分，则说明锻炼的强度大了，对于练习者来说不安全。因此，心率控制在102~145 次/分是较适宜的。

美国运动医学学会认为：对于健康的成年人来讲，要使心血管系统得到锻炼，达到增强体质的目的，进行练习的强度最低应为本人最大摄氧量的50%，心率应达到130~135次/分。按这个标准来衡量，进行太极拳锻炼时，其强度是合适的。因此，可以说太极拳运动提供的运动强度范围还是比较适合的。它不仅适合老年人进行练习，而且也适合中青年人进行锻炼，是真正的全民健身运动项目。

以上介绍了如何掌握太极拳练习强度和控制练习心率的基本方法，对一个太极拳练习者来讲，这些虽然有些琐碎，但这样做确实有助于提升练习效果，不妨一试。

技术篇

一、24 式太极拳的简介

24式太极拳也称为简化太极拳，它是1956年由国家体委（现国家体育总局）组织太极拳专家从杨式太极拳架中择取较有代表性的动作创编而成的。它动作结构简单、数量合理、内容充实、易学易练，体现了太极拳运动的基本特点，备受太极拳爱好者青睐，成为初学者学习太极拳的入门套路。

另外，由于24式太极拳动作舒展、结构简单，既可以单人练习，又可以集体练习。在近几年许多大型综合性运动会的开幕式上，都可以看到精彩的集体24式太极拳表演，其宏大的场面和优雅的神韵令人称道。

随着太极拳运动的蓬勃发展，24式太极拳也得到了普及与推广，这也标志着太极拳运动迎来了社会化、大众化的时代。

二、24式太极拳的特点

（一）内容简洁，易于普及

从套路的内容来看，24式太极拳解决了传统太极拳套路烦琐、重复动作多等问题，使得太极拳套路内容简洁明了，易教易学。另外，24式太极拳在练习过程中，不受场地和器材的限制，适合不同年龄、不同体质的太极拳爱好者学练，因此，具有广泛的适应性，便于普及，受到了广大太极拳爱好者的高度评价，为太极拳的普及做出了重要的贡献。

（二）结构严谨，负荷合理

从套路的结构布局来看，24式太极拳的创编是按照由简而繁、由易而难的原则，使得整个套路的结构更加严谨、合理。全套动作既尊重了传统，又进行了简化创新，同时，运动负荷的安排也十分科学，强度逐渐加大，有着非常好的锻炼价值。

（三）风格突出，锻炼身心

24式太极拳继承了杨式太极拳大架套路的风格特点，整个套路演练充分体现了杨式太极拳舒展简洁、动作和顺、速度均匀、连绵不断、中正圆满、轻灵沉着的独特风格。在练习过程中十分注重“意、气、形”的整体配合，有着十分显著的健身、健心的效果。

三、24式太极拳的动作名称

（一）	起　势
（二）	左右野马分鬃
（三）	白鹤亮翅
（四）	左右搂膝拗步
（五）	手挥琵琶
（六）	左右倒卷肱
（七）	左揽雀尾
（八）	右揽雀尾
（九）	单　鞭
（十）	云　手
（十一）	单　鞭
（十二）	高探马
（十三）	右蹬脚
（十四）	双峰贯耳
（十五）	转身左蹬脚
（十六）	左下势独立
（十七）	右下势独立
（十八）	左右穿梭
（十九）	海底针
（二十）	闪通臂
（二十一）	转身搬拦捶
（二十二）	如封似闭
（二十三）	十字手
（二十四）	收　势

四、24式太极拳的全套动作健身指导

（一）起　势

动作过程

1. 两脚并拢，身体自然直立；头正颈直，下颌内收，胸腹放松，肩臂松垂，两手轻贴在大腿外侧。精神集中，呼吸自然；目视前方。（图6）

2. 左脚缓缓提起，向左横跨一步，两脚开立，与肩同宽，脚尖向前；两臂自然下垂，两手轻贴在大腿外侧；目视前方。（图7）

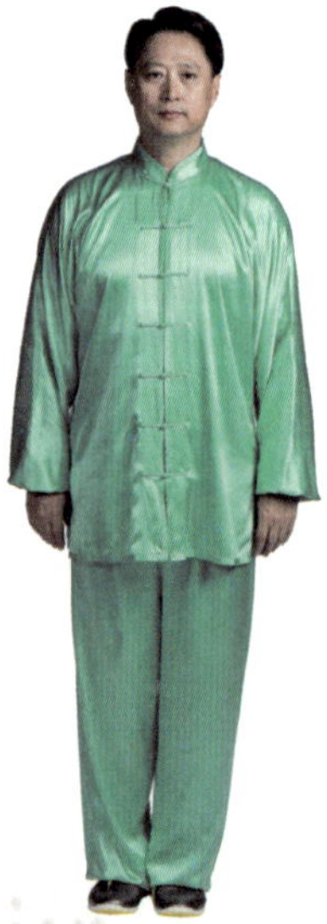

图6

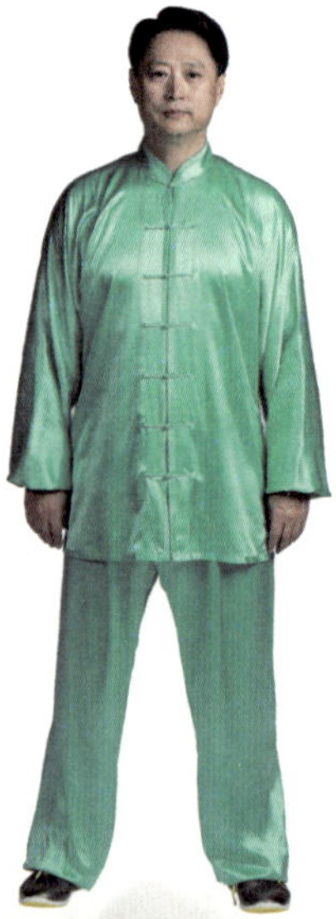

图7

3. 两臂慢慢向前、向上抬起，两手与肩同高，手心向下；目视前方。（图8、图9）

图 8

图 9

4. 上体保持正直，两腿屈膝下蹲；同时两掌缓缓下按于两胯的前下方，指尖向前，手心向下；目视前方。（图10、图11）

图 10

图 11

意气配合

◆ 随左脚缓缓抬起均匀吸气，左脚落地，两脚自然开立，改为呼气。两脚开步站立后，意识要守住丹田，调整呼吸，呼吸要求“细、匀、深、长”，同时注意力集中，默念“松”“静”二字。

◆ 随后完成1吸1呼的呼吸转换。当两臂慢慢抬起时，丹田微内收并均匀吸气，意识引导以梢节（两手）带领手臂抬起。当两腿屈膝、两臂缓缓下按时，改为呼气，意识引导百会穴上领，两臂以根节（肩）带动手臂下沉按掌。

健身要点

◆ 此动作可分解为两脚开立、两臂前举、屈膝按掌3个动作。整个动作要求头颈正直，下颌微向后收，不要故意挺胸或收腹，手臂自然弯曲，松腰松胯。两手下按和身体下蹲要协调一致。

（二）左右野马分鬃

动作过程

1. 重心移至右腿上，左脚随即收到右脚内侧，脚尖点地；同时右手由下向上画弧收在胸前，手臂弯曲，手心向下，左手外旋翻掌向右画弧收至腹前，手心向上，两手心相对成抱球状；目视右手方向。（图12、图13）

图 12

图 13

图 14

2. 上体微向左转，左脚向左前方迈出，重心前移，成左弓步；同时左右手随转体向左上、右下分开，左手与鼻尖同高，手心斜向上，右手落在右胯旁，指尖向前，手心向下；目视左手方向。（图14、图15）

图 15

3. 重心后移，右腿弯曲，左脚尖翘起，随后身体左转，重心再移至左腿，右脚收至左脚内侧，脚尖点地；同时左手旋臂屈肘收至胸前，掌心向下，右手由右胯旁外旋翻掌向左画弧收至腹前，手心向上，两手心相对成抱球状；目视左手方向。（图16至图18）

图 16

图 17

图 18

4. 身体右转，右脚向右前方迈出，随后重心前移，成右弓步；同时左右手随转体向左下、右上分开，右手与鼻尖同高，手心斜向上，左手落在左胯旁，指尖向前，手心向下；目视右手方向。（图19、图20）

图 19

图 20

5. 与动作过程3图解相同，只是左右方向相反。（图21至图23）

图 21

图 22

图 23

6. 与动作过程4图解相同，只是左右方向相反。（图24、图25）

图 24

图 25

意气配合

◆ 此动作完成5吸5呼的呼吸转换。当重心移至右腿，两手抱球，并随着转体左脚向前迈出时，均匀吸气，左脚跟着地时吸气止，同时意识引导右胯松沉，使下肢的开步与上肢的合手相互对应逆合；再随重心的前移成左弓步改为呼气，意识引导以腰带臂向外分掌；身体后坐时，再均匀吸气，当身体左转进步抱球时，改为呼气。如此重复完成5次呼吸配合。

健身要点

◆ 此动作可以分解为收脚抱球、迈步转体、弓步分掌，左、右、左3次9个动作。完成动作时，上体不可前俯后仰；身体后坐时，前腿的膝关节要有一定的紧张度，弓步与分手要协调一致，手臂保持弧形。

（三）白鹤亮翅

动作过程

1. 上体左转，右脚跟进半步，前脚掌着地；左手旋臂屈肘收于胸前，手心向下，右手由右胯旁外旋翻掌向左画弧收至腹前，手心向上，两手心相对成抱球状；目视左手方向。（图26）

2. 重心后移，右脚落实，左脚跟提起；同时身体右转，右手经胸前向上画弧至头的右侧，掌心向左，左手随右手上提附于右臂内侧；目视右手方向。（图27、图28）

图 26

图 27

图 28

3. 随后身体左转，左脚稍向前移，脚尖点地，成左虚步；同时两手随转体向左下、右上分开，右手外撑停于右额前，手心向左，左手落于左胯旁，指尖向前，手心向下；目视前方。（图29）

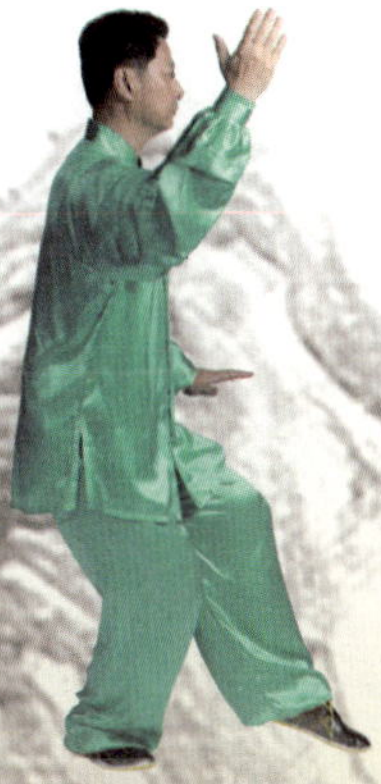

图 29

意气配合

◆ 此动作完成2吸2呼的呼吸转换。随重心前移跟步抱球时，均匀吸气；当身体后坐右转、右手上提时，改为呼气，意识引导右胯松沉，沉肩垂肘；再随身体的左转、左脚提起时，均匀吸气；当左脚尖向前点地、左手向左下画弧时，则改为呼气，意识引导松腰松胯，丹田内收，气贴背。

健身要点

◆ 此动作可分解为跟步抱球、后坐提手、虚步分手3个动作。完成动作时，身体避免左右晃动，两臂弧形撑圆，下肢虚步与右手上提、左手下按要协调一致。

（四）左右搂膝拗步

动作过程

1. 身体微向左转，随后右转，左脚收至右脚内侧，脚尖点地；右手由右额前向左、向下、向右、向上画弧至身体右侧，手与肩同高，手心向上，左手由左下方向上、向右画弧至右肘关节内侧，手心向下；目视右手方向。（图30至图33）

图 30

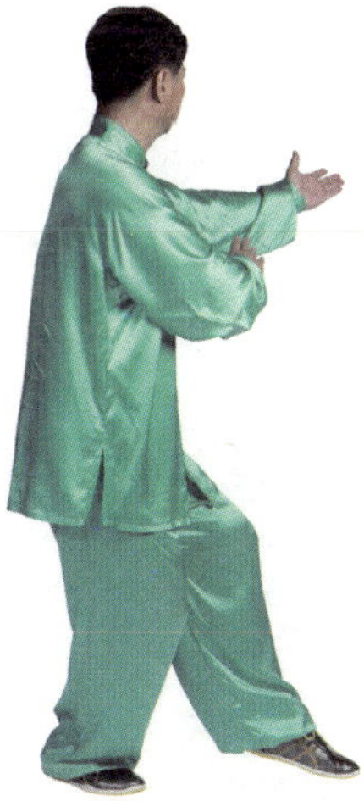

图 31

图 32

图 33

2. 左脚向前上步，重心前移，成左弓步；同时右手回收并由耳侧向前推出，手与肩同高，手心向前，左手由右肘内侧向下经左膝前上方搂膝回带于左胯旁，指尖向前，手心向下；目视前方。（图34、图35）

图 34

图 35

3. 重心后移，右腿弯曲，左脚尖翘起，随后身体左转，重心移至左腿，右脚收至左脚内侧，脚尖点地；同时左手外旋翻掌由左胯旁向上画弧至身体左侧，手与肩同高，手心向上，右手随转体向左、向下画弧落于左肘关节内侧，手心向下；目视左手方向。（图36至图38）

图 36

图 37

图 38

4. 与动作过程2的图解相同，只是左右方向相反。（图39、图40）

5. 与动作过程3的图解相同，只是左右方向相反。（图41至图43）

6. 与动作过程2的图解相同。（图44、图45）

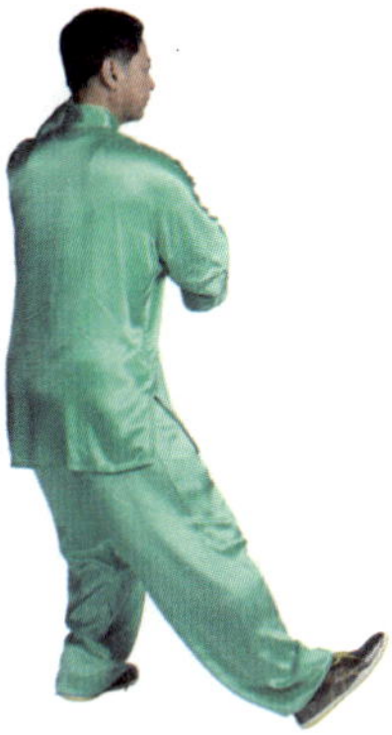
图 39

图 40

图 41

图 42

图 43

图 44

图 45

意气配合

◆ 此动作完成5吸5呼的呼吸转换。随右手向左、向下、向右画弧，左脚收回并向前迈出时，均匀吸气，左脚跟着地，吸气止；当重心前移，成左弓步搂推时，改为呼气，意识引导松腰松胯，身体拧转逆合。再随身体后坐，均匀吸气；当身体左转、左手向左后方画弧、右脚收脚时，改为呼气，意识引导丹田内收，使身体保持中正。随右脚向前迈出、左手收至左耳侧、右手向下画弧时，均匀吸气，右脚跟着地吸气止，意识引导左胯松沉，随右脚迈出和右手向下画弧形成身体的旋拧逆合；当重心前移，成右弓步搂推时，改为呼气，意识引导劲力由下肢经左腰、左肩、左手向前推出。右转体收脚、左弓步搂推的意气配合与前面的完全相同。

健身要点

◆ 此动作可分解为转体收脚、弓步搂推，左、右、左6个动作。整个动作上下肢要协调一致。前手推出时，身体不可前俯后仰；推掌时要松腰松胯，沉肩垂肘，坐腕舒掌；身体要有前后、左右、上下的对称平衡之力。

（五）手挥琵琶

动作过程

1. 重心前移，右脚跟进半步，随后重心移至右腿，身体右转，左脚提起；同时左手由下向上提起，力点在大拇指外缘，手心向右，右手回收至右胸前，手心斜向前；目视前方。（图46、图47）

图 46

图 47

2. 左脚跟落地，左膝微屈，变成左虚步；同时左臂垂肘下沉，左掌与肩同高，掌心向右。右手向前、向左肘关节内侧合掌，掌心向左；目视左手。（图48）

图 48

意气配合

◆ 此动作完成1吸1呼的呼吸转换。随重心前移，右脚跟步，均匀吸气，意识引导腰胯松沉，意气注入命门穴，达于前掌；当左脚向前落步、两手相合时，改为呼气，意识引导松腰松胯，使腹部的松沉与两手的相合形成一个整劲。

健身要点

◆ 此动作可分解为跟步提手、虚步合手2个动作。身体重心移动要平稳，左手要以腰带臂，沉肩垂肘，松腰松胯。左脚跟虚点地面与两手合收要协调一致。

（六）左右倒卷肱

动作过程

1. 下肢不动，上体右转；右手外旋翻掌经腹前向下、向右、向上方画弧，臂微屈，手与头同高，手心斜向前，左手随即翻掌，手心向上；目随右手走，再转向前方。（图49、图50）

图 49

图 50

图 51

图 52

2. 左脚提起，经右脚内侧向后撤一步，随后重心后移至左腿上，右脚掌碾转成右虚步；同时右手回收由耳侧向前推出，手心向前，左手屈臂回收至腹前，手心向上；目视右手。（图51、图52）

3. 上体微向左转；同时左手随转体向左上方画弧，手与头同高，手心斜向前，右手随即翻掌，手心向上；目随左手走，再转向前方。（图53、图54）

图 53

图 54

4. 与动作过程2的图解相同，只是左右方向相反。（图55、图56）

图 55

图 56

5. 与动作过程3的图解相同，只是左右方向相反。（图57、图58）

6. 与动作过程2的图解相同。（图59、图60）

图 57

图 58

图 59

图 60

7. 与动作过程3的图解相同。（图61、图62）

8. 与动作过程2的图解相同，只是左右方向相反。（图63、图64）

图 61

图 62

图 63

图 64

意气配合

◆ 此动作共完成4吸4呼的呼吸转换。随右手向外画弧，左脚提起向后撤步，均匀吸气，左脚脚掌着地时，吸气止；意识引导松腰松胯，意气注入丹田，使身体保持平稳。当重心后移左转、右掌向前推出时，改为呼气，意识引导由下肢经腰、肩、手向前推出，转腰推掌要协调一致，气贴于背。左侧动作与右侧动作完全相同，只是方向相反。

健身要点

◆ 此动作可分解为转体撤手、退步推掌，左右8个动作。两脚回撤避免落在一条直线上，撤步前推时身体要保持中正，两手的回抽与前推要有对拉力。

（七）左揽雀尾

动作过程

1. 身体右转，重心移至右腿，左脚收到右脚内侧，脚尖点地；同时右手随转体由腹前向右、向上画弧屈臂收于胸前，手心向下，左手则由前向下、向左画弧收于腹前，手心向上，两手心相对成抱球状；目视右手方向。（图65至图67）

图 65

图 66

图 67

2. 身体左转，左脚向左前方迈出，重心前移，成左弓步；同时左手由腹前向前、向上屈臂掤出，手与胸同高，指尖向右，手心向内；右手由胸前随转体下按于右胯旁，指尖向前，手心向下；目视前方。（图68、图69）

图 68

图 69

3. 身体右转，重心移至右腿；两手翻掌前送，随后由前向下、向右画弧下捋至身体右侧，右手与头同高，手心向前，左手与胸同高，手心向后；目视右手方向。（图70至图72）

图 70

图 71

图 72

4. 身体左转，随后重心前移，成左弓步；左手屈臂收于胸前，右手附于左手腕内侧，两手同时向前慢慢挤出，左前臂保持半圆，左手心向后，右手心向前；目视前方。（图73、图74）

图 73

图 74

5. 下肢不动；两手翻掌，右手经左腕上方伸出，两手左右分开，与肩同宽、同高，手心均向下；目视前方。（图75、图76）

图 75

图 76

6. 重心后移，左脚尖翘起，随后重心前移，成左弓步；同时两手屈臂回收至胸前，随重心前移两手顺势向下、向上、向前按出，两手与肩同高，手心均向前；目视前方。（图77至图79）

图 77

图 78

图 79

意气配合

◆ 此动作共完成4吸4呼的呼吸配合。首先，当身体右转、两手抱球、随后左脚向左前方迈出时，均匀吸气，左脚跟着地时，吸气止；意识引导右胯松沉，使左脚的迈出与上体形成拧转逆合。再随重心前移，左手向前掤出，改为呼气；意识则引导松腰松胯，手臂有由内而外的膨胀感觉。接着，随两手的前伸翻掌，均匀吸气，意识要引导丹田略微回收，使身体不过于前倾；当重心后移、两掌向后下捋时，改为呼气，意气要贯注祖窍穴，保持身体的中正。然后，随身体左转、右手附于左手腕时，均匀吸气，意识引导松腰松胯；当重心前移、两掌向前挤出时，应改为呼气，而意识则引导含胸拔背，意气注入夹脊穴，使两手向前挤出。最后，随两手翻掌分开，收于腹前，均匀吸气，意识引导松腰松胯；当重心前移、两掌向前推出时，改为呼气，意气注入膻中穴向前按出。

健身要点

◆ 此动作可分解为收脚抱球、弓步前掤、后坐外捋、弓步前挤、弓步前按5个动作。整个动作重心移动要平稳，身体中正，以腰带臂，手走弧线。

（八）右揽雀尾

动作过程

1. 重心后移并右转，左脚尖内扣，随后重心再移至左腿，右脚收至左脚内侧，脚尖点地；右手由前向右、向下画弧收至腹前，手心向上，左手屈臂收至胸前，手心向下，两手心相对成抱球状；目视右前方。（图80至图84）

图 80

图 81

图 82

图 83

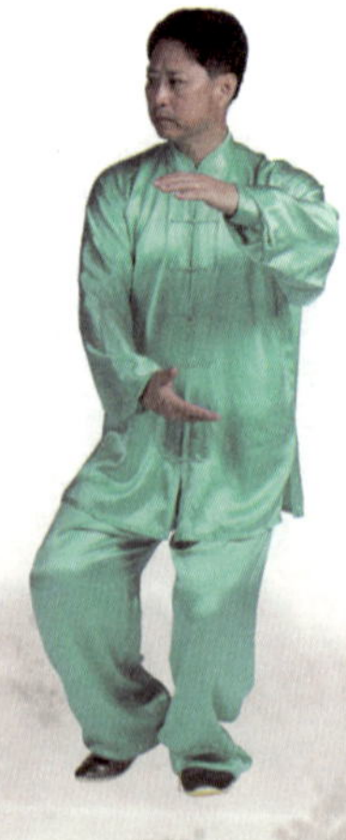

图 84

2. 与“左揽雀尾”动作过程2的图解相同，只是左右方向相反。（图85、图86）

3. 与“左揽雀尾”动作过程3的图解相同，只是左右方向相反。（图87至图89）

图 85

图 86

图 87

图 88

图 89

4. 与“左揽雀尾”动作过程4的图解相同，只是左右方向相反。（图90、图91）

5. 与“左揽雀尾”动作过程5的图解相同，只是左右方向相反。（图92、图93）

图 90

图 91

图 92

图 93

6. 与“左揽雀尾”6的图解相同，只是左右方向相反。（图94至图96）

图 94

图 95

图 96

意气配合

◆ 与“左揽雀尾”动作的意气配合完全相同，只是左右方向相反。

健身要点

◆ 与“左揽雀尾”动作的健身要点完全相同，只是左右方向相反。

（九）单　鞭

动作过程

1. 重心后移并左转，右脚尖内扣；右手由前向下、向左画弧收至腹部左前侧，手心斜向上，左手随转体向左画弧至身体左侧，手与肩同高，手心斜向下；目视左手方向。（图97、图98）

图 97

图 98

2. 随后身体右转，重心移至右腿，左脚收至右脚内侧，脚尖点地；同时右手由腹前向上、向右画弧至右前方变勾手，勾手与肩同高，勾尖向下，左手则向下经腹前向右上画弧至右肘关节内侧，手心向内；目视右手方向。（图99至图102）

图 99

图 100

图 101

图 102

3. 身体左转，左脚提起向左前方上步，随后重心前移，成左弓步；同时左手随重心前移向前方翻掌推出，手与鼻尖同高，手心向前，右手勾手置于身体的右后方，勾与肩平，勾尖向下；目视左手方向。（图103、图104）

图 103

图 104

意气配合

◆ 此动作完成2吸2呼的呼吸转换。随重心左移，扣脚转身，均匀吸气；当重心移至右腿、收脚勾手时，改为呼气，意识引导腰胯内收，以腰带臂。再随左脚的提起、迈出，均匀吸气，当左脚跟着地时，吸气止；重心前移成左弓步推掌时，改为呼气，同时意识引导沉肩垂肘，百会穴上领，力撑八面。

健身要点

◆ 此动作可分解为扣脚转体、收脚勾手、弓步推掌3个动作。上体保持正直，松腰松胯。左手向外翻掌前推时，要随转体边翻边推出，弓步与推掌上下要协调一致。

（十）云 手

动作过程

1. 重心后移并右转，左脚尖内扣；左手由前向下、向右、向上画弧至右肘内侧，手心斜向上，同时右手变掌，向右侧下按，手心斜向下；目视右手方向。（图105至图107）

图 105

图 106

图 107

2. 重心随身体左转移至左腿，右脚提起，收至左脚内侧，成小开立步；左手由右肩前向上、向左经面前向左侧画弧，手与肩同高，手心斜向后，右手由右侧向下、向左经腹前向左上画弧至左肩前，手与胸同高，手心斜向上；目视左手方向。（图108至图110）

图 108

图 109

图 110

3. 身体右转，随后左脚向左横跨一步，脚掌着地；右手由左肩前向上、向右翻掌画弧至身体右侧，手与肩同高，手心斜向下；左手由左侧向下、向右经腹前向上画弧至右肘内侧，手与胸同高，手心斜向上；目视右手方向。（图111至图113）

图 111

图 112

图 113

4. 与动作过程2的图解相同。（图114至图116）

图 114

图 115

图 116

5. 与动作过程3的图解相同。（图117至图119）

6. 与动作过程2的图解相同。（图120至图122）

图 117

图 118

图 119

图 120

图 121

图 122

意气配合

◆ 3次云手动作共完成3吸3呼的呼吸转换。随重心右移，扣脚转身，均匀吸气，意识引导右腰松沉，左肩与右胯相合；当身体左转、两手向左云手时，改为呼气，右脚收到左脚内侧时，呼气止，意识引导左腰松沉，右肩与左胯相合；再随身体右转、左脚向左侧跨步时，又均匀吸气；当右脚再收脚、两手向左云手时，再改为呼气，意识同样引导腰部松沉，肩胯相合。

健身要点

◆ 此动作可分解为转体云手、收脚云手、跨步云手，3次云手共9个动作。云手时要以腰脊为轴，身体中正，切忌左右晃动，忽高忽低，速度要均匀，两眼的视线随左右手而左顾右盼。

（十一）单　鞭

动作过程

1. 身体右转，重心移至右腿，左脚提起，前脚掌着地；右手随身体右转，由左胸前向上、向右画弧至右前方变勾手，勾与肩同高，勾尖向下，左手由左侧向下、向右经腹前向上画弧至右胸前，手与胸同高，手心向内；目视右手方向。（图123、图124）

图 123

图 124

2. 身体左转，左脚提起向左前方上步，随后重心前移，成左弓步；同时左手随重心前移向前方翻掌推出，手与鼻尖同高，手心向前，右手勾手置于身体的右后方，勾与肩平，勾尖向下；目视左手方向。（图125、图126）

图 125

图 126

意气配合

◆ 此动作完成1吸1呼的呼吸转换。随左脚抬起向前迈出、右手变勾手时，均匀吸气，左脚跟着地时，吸气止；当重心前移成弓步时，改为呼气，意识引导松腰松胯，沉肩垂肘，意气注入左手旋拧推掌。

健身要点

◆ 与前“单鞭”式相同。

（十二）高探马

动作过程

1. 重心前移，右脚跟进半步，前脚掌着地；右手变掌，两掌翻转向上，手臂微屈；目视右手方向。（图127）

2. 重心移至右腿，左脚提起，脚尖点地，成左虚步；右掌回收经右耳侧向前推出，手与鼻尖同高，手心向前；左手由前翻掌收至腹前，指尖向前，手心向上；目视前方。（图128、图129）

图 127

图 128

图 129

意气配合

◆ 此动作完成1吸1呼的呼吸转换。随右脚跟步，两掌翻转，均匀吸气；当左脚向前虚点地面、右掌前推时，改为呼气，意识引导松腰松胯，意守丹田，左手回收与右手的前推对应起来。

健身要点

◆ 此动作可分解为跟步翻掌、虚步推掌2个动作。跟步转换重心时，身体避免起伏和后仰，上体要自然正直，沉肩垂肘。

（十三）右蹬脚

动作过程

1. 下肢虚步保持不变；左手由腹前向前伸至右腕上方，两手相互交叉，左手心向上，右手心向下；目视前方。（图130）

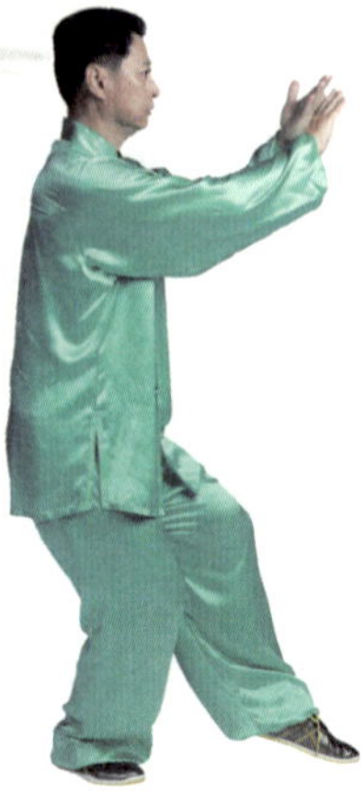

图 130

2. 身体微左转，左脚向左前方上步，随后重心前移，成左弓步；两手由交叉向两侧画弧展开，两手与头同高，手心斜向前；目视前方。（图131、图132）

图 131

图 132

3. 重心前移，右脚收至左脚内侧，随后左腿支撑，右腿屈膝提起；两手由两侧向下、经腹前向上画弧交叉合抱于胸前，左手在内，右手在外，两手心均向内；目视右前方。（图133、图134）

图 133

图 134

4. 左腿支撑，右脚向右前方蹬出，力达脚跟；同时两手由胸前向两侧分掌，右手与肩同高，手心向前，左手与头同高，手心向外；目视右前方。（图135）

图 135

意气配合

◆ 此动作完成2吸2呼的呼吸转换。随左手前伸插掌、左脚向左前方迈出时，均匀吸气，当左脚跟着地时，吸气止；当重心前移、右脚收至左脚内侧、两掌分开时，改为呼气，意识引导左腰松沉，使身体保持中正。当右脚提起，两掌合抱于胸前，均匀吸气；随后两掌外撑，右脚蹬出，改为呼气，意识引导左腰松沉支撑站稳，右胯内收，意气注入右脚跟和右手，使蹬脚与右手外撑协调一致。

健身要点

◆ 此动作可分解为弓步分手、收脚合抱、蹬脚撑掌3个动作。在整个动作的完成过程中，身体要稳定，不可前俯后仰，分手与蹬脚须协调一致，蹬脚的方向应为正前方偏右（约30°）。

（十四）双峰贯耳

动作过程

1. 右腿屈膝收脚；右手翻掌，手心向上，左手由后向前画弧，两掌合于体前，与肩同高，两手心向上；目视前方。（图136）

图 136

2. 重心略下降，右脚向右前方落下，随后重心前移成右弓步；同时两手由前向下、向后画弧收于腰间，再由腰间变拳分别从两侧向前、向上画弧至头的前上方贯拳，两拳相对，与耳同高，拳眼均斜向下；目视前方。（图137、图138）

图 137

图 138

意气配合

◆ 此动作完成1吸1呼的呼吸转换。随两掌变拳收于腰间，右脚落地，均匀吸气；当重心前移成弓步贯耳时，改为呼气，意识引导弓步贯拳时，后背外撑与两拳形成合劲。

健身要点

◆ 此动作可分解为收脚落手、弓步贯拳2个动作。收脚落手时，头颈要正直，松腰松胯。弓步贯耳时，要沉肩垂肘，两拳须松握。

（十五）转身左蹬脚

动作过程

1. 重心后移，右脚翘起，身体左转；同时两拳变掌，由前方分别向左、右两侧画弧分开，手心均向前；目视左前方。（图139、图140）

图 139

图 140

2. 右脚内扣，身体重心再移至右腿，左脚收到右脚内侧后屈膝提起；同时两手由两侧向下、向上画弧合抱于胸前，左手在外，右手在内，两手心均向内；目视左前方。（图141、图142）

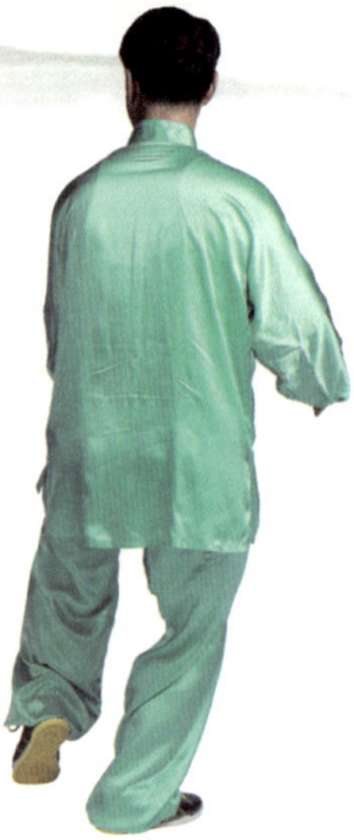

图 141

图 142

图 143

3. 右腿支撑，左脚向左前方蹬出，力达脚跟；同时两手由胸前向两侧分掌，左手与肩同高，手心向前，右手与头同高，手心向外；目视左前方。（图143）

意气配合

◆ 此动作完成2吸2呼的呼吸转换。随重心后移右脚内扣，两掌分开，均匀吸气；当重心右移、左脚收至右脚内侧时，改为呼气，意识引导转换到右胯松沉，虚灵顶劲。再随左脚提起、两掌相合时，均匀吸气，同时意识引导右胯松沉支撑站稳，左胯微内收。然后随左脚蹬出，两掌外撑，改为呼气，意识引导右胯松沉，左脚蹬脚与左手外撑协调一致。

健身要点

◆ 与“右蹬脚”式一样，只是左右方向相反。左蹬脚方向与右蹬脚成180°。

（十六）左下势独立

动作过程

1. 右腿微屈，左脚屈膝下落，身体微右转；右掌变成勾手，与肩同高，勾尖向下，左掌由前微向上、向右画弧下落，立掌于右肩前方，掌心斜向后；目视右手。（图144）

2. 右腿慢慢屈膝下蹲，左腿由内向左侧（偏后）伸出，成左仆步，身体左转；右手勾手不变，左手由右前方向下、向左沿左腿内侧向前穿出，掌心向外；目视左手。（图145、图146）

图 144

图 145

图 146

3. 左脚尖外展，右脚尖内扣，重心前移，身体左转成左弓步；同时左手继续向前伸出成挑掌，与胸同高，掌心向右，右勾手下落，旋臂贴近身体，使勾尖向上；目视左手。（图147）

图 147

4. 重心前移，左腿支撑，右腿慢慢屈膝提起成左独立势；同时右手变掌，由后向前、经右腿外侧向上画弧挑掌，右肘与右膝相对，手心向左，左手由前向下画弧落于左胯旁，指尖向前，手心向下；目视右手。（图148、图149）

图 148

图 149

意气配合

◆ 此动作完成2吸2呼的呼吸转换。随左脚收脚，右手变勾手，均匀吸气，意识引导右胯松沉；当重心前移，成弓步挑掌时，改为呼气；随仆步下势，意识要引导百会穴上领，使身体保持中正。再随左脚尖外撇，右脚收起，均匀吸气，意识引导左胯松沉；当右脚提起、右手上挑时，改为呼气，意识引导右胯松沉，右腿站稳。

健身要点

◆ 此动作可分解为收脚勾手、仆步穿掌、弓步挑掌、提膝挑掌4个动作。右腿全蹲仆步下势时，百会穴上领，上体不可过于前倾。独立势时，身体避免侧倾，保持中正安舒。

（十七）右下势独立

动作过程

1. 右脚下落于左脚前，脚掌着地，然后左前脚掌为轴，脚跟转动，身体随之左转；同时左手由左胯旁向上画弧至左侧变勾手，与肩同高，勾尖向下，右掌随转体向左侧画弧，立于左肩前，指尖向上，掌心向左；目视左手。（图150、图151）

图 150

图 151

2. 与“左下势独立”动作过程2的图解相同，只是左右方向相反。（图152、图153）

图 152

图 153

3. 与“左下势独立”动作过程3的图解相同，只是左右方向相反。（图154）

图 154

图 155

图 156

4. 与“左下势独立”动作过程4的图解相同，只是左右方向相反。（图155、图156）

意气配合

◆ “右下势独立”的意气配合与“左下势独立”的意气配合相同，只是方向相反。

健身要点

◆ 身体左转要以左脚掌为轴碾转，转体要平稳。其他均与“左下势独立”相同，只是左右方向相反。

（十八）左右穿梭

动作过程

1. 身体微向左转，左脚向左前落地，随后重心前移，右脚收至左脚内侧；同时左手屈臂向左侧平带，手与胸同高，手心向下，右手由右胯旁向前画弧至腹前，手心向上，两手成抱球状；目视左前方。（图157、图158）

图 157

图 158

2. 身体微右转，右脚向右前方迈出，随后重心前移成右弓步；同时右手由腹前向前、向上画弧翻掌托架于右额前上方，手心斜向上，左手随重心前移由胸前先向下、向前推出，手指与鼻尖同高，手心向前；目视左手。（图159、图160）

图 159

图 160

3. 身体重心略向后移，右脚尖稍向内扣，随即重心再移至右腿，左脚跟步收于右脚内侧，脚尖点地；同时右手落于胸前，手心向下，左手落于腹前，手心向上，两手成抱球状；目视右前方。（图161至图163）

图 161

图 162

图 163

4. 与动作过程2的图解相同，只是左右方向相反。（图164、图165）

图 164

图 165

意气配合

◆ 此动作左右完成2吸2呼的呼吸转换。随身体左转，右脚向右前方上步，均匀吸气；当重心前移成弓步推掌时，改为呼气，意识引导松腰松胯，意气由左腰、左肩注入左手向前推出。此动作也可根据自身的情况完成4吸4呼的呼吸转换。

健身要点

◆ 此动作可分解为落脚抱球、弓步架推，左右4个动作。完成动作时的方向是面向斜前方。架掌前推时，上体不可侧倒或前俯。手向上举时，前推要与弓腿松腰上下协调一致。

（十九）海底针

动作过程

1. 右脚向前跟进半步，前脚掌着地；两手下落于胸前，左手心向右，右手心向左；目视左前方。（图166）

图 166

2. 随后重心移至右脚，身体右转，左脚跟提起；随转体左手由左前方向右、向下、向左画弧至左腹前方，手心向下，右手由左前方向右、向上提抽至耳旁，手心向左；目视前下方。（图167、图168）

图 167

图 168

3. 右腿支撑，左脚提起，脚尖向前虚点，成左虚步，身体左转并微前倾，左手随转体向后画弧至左胯旁，指尖向前，手心向下，右手由耳侧向前下方插出，指尖向前下方，手心向左；目视前下方。（图169）

图 169

意气配合

◆ 此动作完成1吸1呼的呼吸转换。随右脚跟步，身体右转，右手向上提抽，均匀吸气，意识引导右胯松沉，意气注入左手与丹田内收相合；当左脚前点成虚步，右手向前下方插出，改为呼气，意识引导命门后撑，气贴背。

健身要点

◆ 此动作可分解为跟步提手、虚步插掌2个动作。完成此动作，上体不可太前倾，避免低头和臀部外凸，左腿要微屈，后背要紧。

（二十）闪通臂

动作过程

1. 上体缓缓起身；右手由前下方向上挑起，与肩同高，手心向左，左手由左胯旁向上画弧至胸前，手心向右；目视前方。（图170）

图 170

2. 左脚向前迈出，重心前移成左弓步；同时右手由体前继续向上画弧架于额前上方，掌心翻转斜向上，拇指朝下，左手由胸前向上，经右臂内侧向前推出，与肩同高，手心向前；目视左手。（图171、图172）

图 171

图 172

意气配合

◆ 此动作完成1吸1呼的呼吸转换。随左脚迈出，右手上提，均匀吸气，左脚跟着地，吸气止，意识引导右胯松沉，左胯略内收；当重心前移成弓步推掌时，改为呼气，意识引导松腰松胯，意气注入左掌向前推出。

健身要点

◆ 此动作可分解为迈步提手、弓步推掌2个动作。完成动作时上体要保持自然正直，避免身体侧倒。架推掌与弓腿动作要协调一致。

（二十一）转身搬拦捶

动作过程

1. 重心后移，左脚尖翘起，身体右转，随后重心再移至左腿，右脚收至左脚内侧，前脚掌着地；同时右手由额前上方随转体向右、向下画弧收至腹前变拳，拳心向下，左手则由前方向上、向右画弧下按于胸前，手心向下；目视右侧。（图173至图176）

图 173

图 174

图 175

图 176

2. 右脚向前上步，脚跟着地；右拳由腹前经胸向前用拳背向前打出，拳心向上，左手由胸前向下画弧落于左腹前，掌心向下；目视右拳。（图177）

图 177

3. 重心移至右腿，左脚经右脚内侧向前迈步，左脚跟着地；左手由左腹前向外、向前、向右画弧拦出，与胸同高，掌心向右，同时右拳由前向右、向后旋臂画弧收到右腰旁，拳心向上；目视左手。（图178、图179）

图 178

图 179

4. 重心前移成左弓步；同时右拳向前打出，拳眼向上，与胸同高，左手附于右前臂内侧，掌心向右；目视右拳。（图180）

图 180

意气配合

◆ 此动作完成2吸2呼的呼吸转换。随转身扣脚，两臂打开，均匀吸气，意识引导右胯内收并右转，意气注入两手随转体缓缓打开；当右脚收回并迈出搬拳时，改为呼气，意识引导左胯松沉。再随重心前移左脚上步拦掌，均匀吸气，意识引导右胯松沉，意气注入左掌向前拦出；当重心前移成弓步打拳时，改为呼气，意识引导松腰松胯，意气注入右拳向前打出。

健身要点

◆ 此动作可分解为转身扣脚、收脚握拳、摆脚搬拳、上步拦掌、弓步打拳5个动作。右拳不要握得太紧。右拳由前收于腰间时，要注意前臂由内旋到外旋的旋臂画弧过程。

（二十二）如封似闭

动作过程

1. 下肢弓步不变；左手由内经右肘外侧向前伸出，右拳变掌，两手外旋翻掌，手心向上；目视前方。（图181、图182）

图 181

图 182

2. 重心后移，左脚尖翘起；两掌由前向后、向下翻掌下按于腹前，两手心均向下；目视前下方。（图183、图184）

图 183

图 184

3. 重心前移成左弓步；两掌由腹前向上、向前推出，手与肩平，手心向前；目视前方。（图185）

图 185

意气配合

◆ 此动作完成1吸1呼的呼吸转换。随两手翻掌，身体后坐，均匀吸气，意识引导松腰松胯，意气随身体后坐注入丹田；当重心前移成弓步前推时，改为呼气，意识引导松腰松胯，命门前顶，意气注入两手向前推出。

健身要点

◆ 此动作可分解为穿手翻掌、后坐收掌、弓步按掌3个动作。身体后坐时，注意身体中正，避免前俯后仰，臀部不可凸出。两臂随身体后收时，要沉肩垂肘，避免肩部僵硬。

（二十三）十字手

动作过程

1. 重心后移，左脚翘起内扣，右脚外展，随后身体右转并向下半蹲，重心偏向右腿；同时右手随着转体向右后方画弧平摆，再与左手随身体下降向左右下方分掌，手心向前下方；目视右手。（图186至图188）

图 186

图 187

图 188

2. 重心移至左腿，右脚向内收脚，两腿慢慢伸直成开立步；同时两手由体侧向内经腹前向上画弧交叉合抱于胸前，两臂撑圆，与肩同高，右手在外，左手在内，手心均向内；目视前方。（图189）

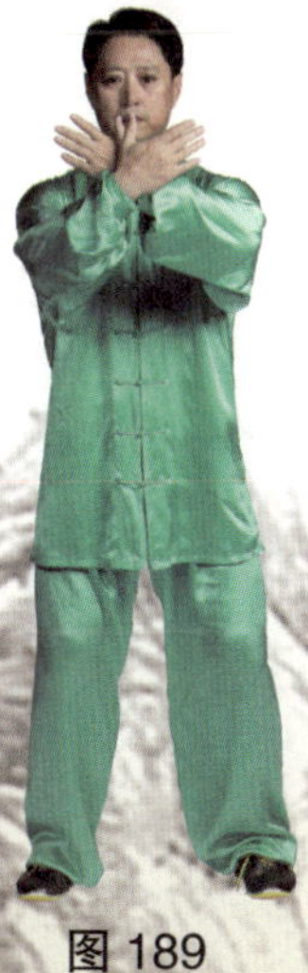
图 189

意气配合

◆ 此动作完成1吸1呼的呼吸转换。随身体右转，两手打开，均匀吸气，意识引导右胯内收并右转，意气注入右手随转体向右下方分掌；当右脚内收、两手合抱于胸前时，改为呼气，意识引导松腰松胯，意识内敛，气沉丹田。

健身要点

◆ 此动作可分解为扣脚转身、弓步分手、收脚合抱3个动作。两手分开与合抱时，上体避免过于前俯，两臂环抱时须圆满舒适，沉肩垂肘，身体保持自然正直，头要微向上顶，下颌稍向后收。

（二十四）收　势

动作过程

1. 两手内旋翻掌，向前、向两侧分开，与肩同高，手心向下；两手慢慢下落，按于胯的前下方，手心向下，随后两手慢慢放松舒指，下落还原；目视前方。（图190至图193）

图 190

图 191

图 192

图 193

2. 左脚缓缓提起，收至右脚内侧，两脚并步站立。目视前方。（图194）

图 194

意气配合

◆ 此动作完成2吸2呼的呼吸转换。随两手向外分掌，均匀吸气，意识内敛，气息下引；当两手下落时，改为呼气；左脚提起，均匀吸气，两脚并步站立改为呼气。意识引导百会上顶，气沉丹田。

健身要点

◆ 两手左右分开下落时，要注意全身放松，同时气也徐徐下沉（呼气略加长）。呼吸平稳后，把左脚收到右脚旁，再走动休息。